FRENCH
Picture Word Book

Edited by
Hayward Cirker

Illustrated by
Barbara Steadman

DOVER PUBLICATIONS, INC.
New York

les arbres

la maison pour les oiseaux

la corde à linge

les pinces à linge

le short

le trottoir

le tee-shirt

la clôture

l'oiseau

le pantalon

les chaussettes

la vasque s'ébattre les oiseaux

le chat

le mât

la pelouse

les verres en papier

l'assiette en papier

l'ours en peluche

la table

les fleurs

la pomme

le banc

les lapins

2 Le Pique-nique

la citronnade

les plantes
en pots

le porche

l'arrosoir

le tuyau
d'arrosage

sentier

la poubelle

le maïs

biscuits

le barbecue

le jardin
potager

la laitue

3

le moulin à vent

les arbres

la récolte

la ferme

les moutons

l'atelier

le mur

la porte

la brouette

le chien

les vaches

la brebis

le pâturage

l'agneau

la corneille

le veau

la barrière

la jeune fille

4

la girouette

le verger

la grange

la chèvre

le grenier

l'échelle

l'auge

le fermier

le tracteur

la fourche à foin

les cochons

le cheval

le coq

la grenouille

la poule

les canards

l'étang

À la Ferme

5

le bateau à rames

le fleuve

la synagogue

le médecin

les maisons

le fleuriste

le mât

le drapeau

le portique

l'école

le basket-ball

le saut à la corde

la poste

le terrain de jeux

la balançoire

la boîte aux lettres

le mur

le poste d'incendie

le supermarché

le restaurant

la bibliothèque

la pompe à incendie

le trottoir

la porte

le banc

6 Ma Ville

les arbres

le sentier

le parc

la statue

le vétérinaire

la route

la clôture

l'église

la librairie

le magasin
de vêtements

le toit

la rue

le parking

la voiture

la banque   la pharmacie   la boulangerie   le coiffeur

la billetterie

le fourgon-pompe

la plate-bande

le singe

les gorilles

la caverne

la girafe

le zèbre

les éléphants

les serpents

les crocodiles

8

le tigre

les ours

les oiseaux

l'antilope

le ballon

l'arbre

les lions

l'hippopotame

Au Zoo 9

l'arbre

le parasol

le papillon

le vélo

le sentier

l'homme

le banc

la charrette

le cornet
de glace

le garçon

la roue

l'oiseau

le chariot d'enfant

10 Au Parc

le nid

le ballon

le pont

les rochers

le bateau

le cygne

le lac

la femme

les fleurs

la jeune fille

l'herbe

le tronc

le chien

l'écureuil

le ballon

11

l'hélicoptère

le paquebot

le tunnel

le canot à moteur

le passage à niveau

l'ambulance

la voiture de police

le minibus

le camion

le taxi

la route

la motocyclette

le coffre

le chauffeur

la caravane

la voiture de sport

12

le dirigeable

l'avion

la ville

la maison

e train

le vélo

la voiture d'enfant

la décapotable

le bus

le capot

le pare-brise

le break

le camion tout-terrain

les phares

le pneu

Les Véhicules   13

les cartes postales

la glace

Africa

la girafe

les ballons

la lampe

la photo

le chapeau

le coffret à bijoux

le collier

le bracelet

le lapin

le sac à main

la jupe

la robe

l'ours en peluche

la chaise

le chemisier

14   La Chambre de Jeune Fille

les rideaux

le lit

l'écouteur

le lecteur CD

les livres

la poupée

le jouet

les rubans

la commode

le livre d'enfant

les crayons de couleur

la chemise de nuit

les bas

le dessus de lit

le pull-over

la maison de poupée

la couverture

les pantoufles

la descente de lit

les chaussures

la voiture à cheval

le clown

la boîte à souliers

les cartes à jouer

la malle

15

ENDANGERED

l'éléphant

les affiches

les bateaux à voiles

les avions

le lit

les rideaux

la voiture de course

les oreillers

le gant de base-ball
et la balle

la lampe
de chevet

les draps

le verre

la table
de nuit

le sweat-shirt

le basket

les chaussettes

les livres

la batte
de base-ball

la couverture

les chaussures

le chat

la fenêtre

les flammes

le globe

le cintre

la lampe

le complet

la commode

la cravate

la radio

le bureau

le tabouret

la prise
de courant

les tennis

le portefeuille

la chaise

la poubelle

le tapis

La Chambre de Garçon   17

l'indien

le store

le chariot

les dessins

la fenêtre

la bibliothèque

les jardinières

l'élève

l'armoire

l'élève

le bloc

le stylo

le carnet

la chaise

le pupitre

les livres

la règle

18   La Salle de Classe

l'alphabet

le drapeau

l'horloge

le tableau d'affichage

la carte

les chiffres

le globe

l'institutrice

le tableau noir

le grattoir

la craie

la baguette

le bureau

la poubelle

l'ordinateur

la revue

le papier

la table

le crayon

la gomme

le clavier

les tiroirs

19

le tableau

la plante

la fenêtre

les coussins

l'ours en peluche

la banquette

la télévision

le canapé

le magnétophone

les noix

la table basse

le magnétoscope

le casse-noix

le bol

les revues

le porte-revues

le tapis

la télécommande

les pomm

le fauteuil

le panier

la table

20

les livres

la glace

l'horloge

le mur

la bougie

bibliothèque

la cheminée

la lampe

les fleurs

l'écran ignifuge

les outils

les bûches

le vase à fleurs

le bloc

le téléphone

le crayon

La Salle de Séjour

21

le tableau

le tringle

la douche

l'armoire
de toilette

le verre

les brosses à dents

les essuie-mains

l'eau
dentifrice

les mouchoirs

le shampooing

la lotion

le papier
hygiénique

le bain
moussant

le savon

le dentifrice

le lavabo

la baignoire

le robinet

la toilette

la poupée

la crème de nuit

le porte-serviettes

le gant
de toilette

l'armoire

le tapis de bain

la poubelle

La Salle de Bain

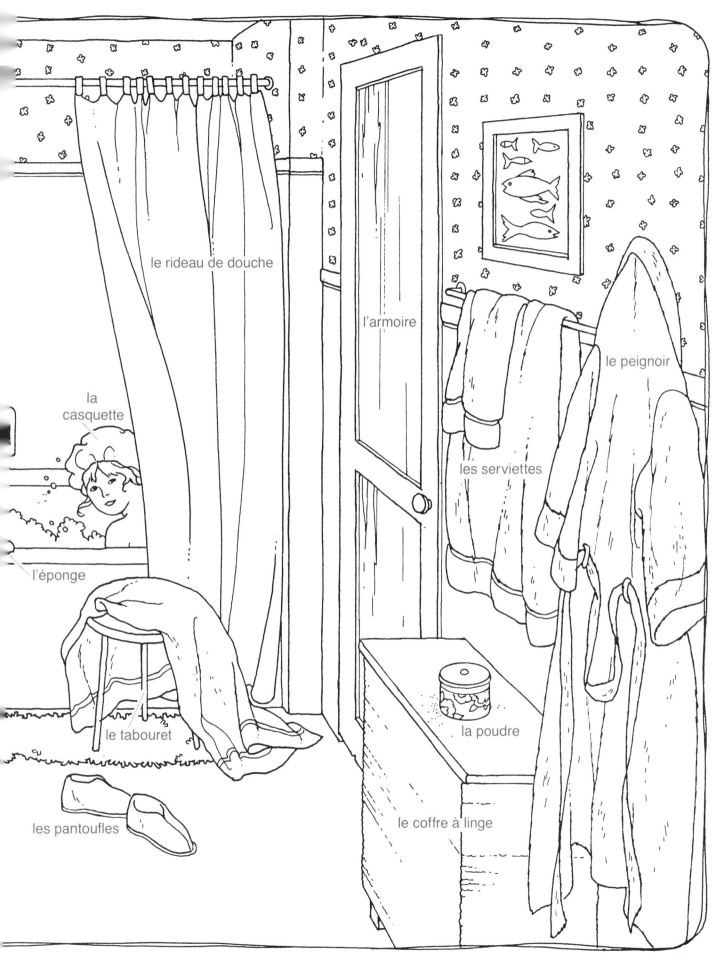

le rideau de douche

l'armoire

le peignoir

la
casquette

les serviettes

l'éponge

le tabouret

la poudre

les pantoufles

le coffre à linge

les assiettes

le rayon

l'armoire
à vaisselle

le calendrier

JUNE

les serviettes de vaisselle

le plateau

le mixer

l'ouvre-boîte

le grille-pain

la liquide
de vaisselle

la batterie
de cuisine

le plan de
travail

les boîtes de conserves

la
manique

le bec

le poêle

la paille

le four

le gril

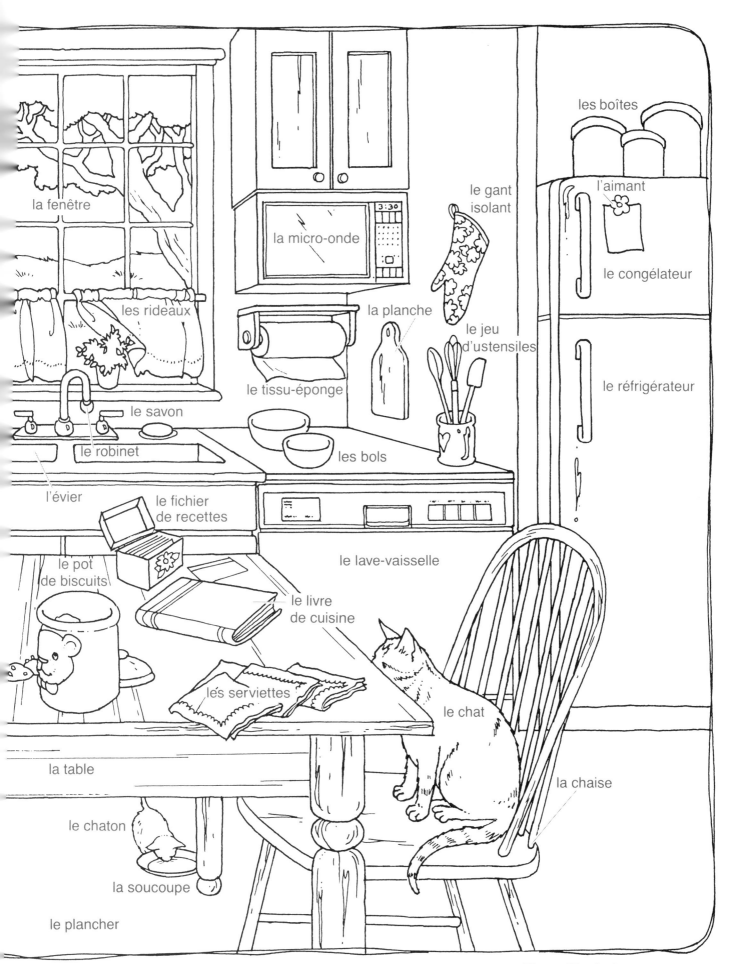

la fenêtre

les rideaux

le savon

le robinet

l'évier

les boîtes

l'aimant

le congélateur

le gant isolant

la micro-onde

la planche

le jeu d'ustensiles

le réfrigérateur

le tissu-éponge

les bols

le fichier de recettes

le pot de biscuits

le lave-vaisselle

le livre de cuisine

les serviettes

le chat

la table

la chaise

le chaton

la soucoupe

le plancher

La Cuisine   25

la glace

la plante

la cuisine

la mère

la tarte

le potage

les
assiettes

la grand-mère

le sel et le poivre

la dinde

les carottes

les petits pains

la chaise
haute

le bébé

la chaise

la nappe

le frère

le chien

26   **Au Dîner**

les assiettes

l'armoire

le grand-père

le père

l'eau

la salade

es petits pois

le verre

le couteau et la cuiller

la fourchette

la sœur

la poupée

27

1
PRODUITS LAITIERS
RIZ   PÂTES

2
JAVEL   SAVON
DÉTERGENT

le panonceau

la margarine
le fromage
les œufs
le jus de fruits
le lait
le beurre

les petits pains

la charcuterie
les viandes

le ca...

les livres
les revues

la soupe
la marmelade
les confiture...

le panier

le beu...
de
cacahuè...

les biscuits
les biscuits salés

le pamplemousse

la caissière

la caisse

les gâteaux

l'ail

la caisse

le sac à ma...

le sac en plastique

les fruits en boîte

les boissons

les pickles

le sac

28

le plafond

3 PRODUITS EN BOÎTE BONBONS POP-CORN

4 PRODUITS POUR LA PÂTISSERIE ALIMENTS POUR ANIMAUX

les sacs à poubelle

les bretzels

les serviettes en papier

la feuille d'étain

les fruits de mer

les produits de papier

la sauce de salade

la soupe en boîte

le vinaigre

l'huile

la balance

le pain

les tomates

l'allée

les fruits

le chariot

les carottes

les citrons

le brocoli

les haricots

les oranges

les pêches

les légumes

les prunes

les pommes

les poires

les oignons

les raisins

la publicité

les pommes de terre

le melon

les bananes

les baies

Le Supermarché 29

les nuages

la tête

le nez
la bouche

l'oreille

le chapeau de soleil

la mouette

l'océan

le bras

le pouce

le maillot
de bain

les doigts

le poignet

le coude

la jambe

les rochers

le seau

le jean

le talon

le
genou

la
main

la
cheville

le tee-shirt

les cheveux

le short

le
pied

les
orteils

le crabe

les yeux

le visage

les lèvres

le cou

le menton

la pelle

les cailloux

le sable

les sandales

les coquilles

30   À la Plage

Alphabetical Word List

(In the list below, *le* is the article used for masculine singular nouns, *la* for feminine singular. In the cases of plural nouns and exceptions, the gender is indicated immediately after the article by the abbreviations M for masculine and F for feminine.)

affiche, l' (F): poster
affiches, les (F): posters
agneau, l' (M): lamb
ail, l' (M): garlic
aimant, l' (M): magnet
aliment, l' (M): food
aliments pour animaux, les (M): pet food
allée, l' (F): aisle
alphabet, l' (M): alphabet
ambulance, l' (F): ambulance
antilope, l' (F): antelope
arbre, l' (M): tree
arbres, les (M): trees
armoire, l' (F): cabinet, linen closet
armoire à vaisselle, l' (F): kitchen cabinet
armoire de toilette, l' (F): medicine cabinet
arrosoir, l' (M): watering can
assiette, l' (F): plate, dish
assiette en papier, l' (F): paper plate
assiettes, les (F): plates, dishes
atelier, l' (M): shed
auge, l' (F): trough
avion, l' (M): airplane
avions, les (M): airplanes

baguette, la: pointer
baie, la: berry
baies, les (F): berries
baignoire, la: bathtub
bain moussant, le: bubble bath
balance, la: scale
balançoire, la: seesaw
balle, la: ball
ballon, le: balloon, large ball
ballons, les (M): balloons, balls
banane, la: banana
bananes, les (F): bananas
banc, le: bench
banque, la: bank
banquette, la: window seat
barbecue, le: barbecue
barrière, la: fence
bas, le: stocking
bas, les (M): stockings
basket, le: basketball (the ball)
basket-ball, le: basketball (game)
bateau, le: boat
bateau à rames, le: rowboat
bateaux à voiles, les (M): sailboats
batte de base-ball, la: baseball bat
batterie de cuisine, la: pots and pans
bébé, le: baby
bec, le: burner
beurre, le: butter
beurre de cacahuètes, le: peanut butter
bibliothèque, la: library, bookcase
billetterie, la: A.T.M.
biscuit, le: cookie, cracker
biscuits, les (M): cookies
biscuits salés, les (M): crackers
bloc, le: notepad
boisson, la: drink
boissons, les (F): soft drinks
boîte, la: box, can
boîte à souliers, la: shoe box

boîte aux lettres, la: mailbox
boîtes, les (F): canisters
boîtes de conserves, les (F): cans
bol, le: bowl
bols, les (M): bowls
bonbon, le: candy
bonbons, les (M): candy
bouche, la: mouth
bougie, la: candle
boulangerie, la: bakery
bracelet, le: bracelet
bras, le: arm
break, le: station wagon
brebis, la: ewe
bretzel, le: pretzel
bretzels, les (M): pretzels
brocoli, le: broccoli
brosse, la: brush
brosses à dents, les (F): toothbrushes
brouette, la: wheelbarrow
bûche, la: log
bûches, les (F): logs
bureau, le: desk
bus, le: bus

café, le: coffee
caillou, le: pebble, stone
cailloux, les (M): pebbles
caisse, la: cash register, checkout counter
caissière, la: cashier
calendrier, le: calendar
camion, le: truck
camion tout-terrain, le: pickup truck
canapé, le: sofa
canard, le: duck
canards, les (M): ducks
canot à moteur, le: motorboat
capot, le: hood
caravane, la: camper (vehicle)
carnet, le: notebook
carotte, la: carrot
carottes, les (F): carrots
carte, la: map, card
cartes à jouer, les (F): playing cards
cartes postales, les (F): postcards
casquette, la: shower cap
casse-noix, le: nutcracker
caverne, la: cave
chaise, la: chair
chaise haute, la: high chair
chambre, la: bedroom
chapeau, le: hat
chapeau de soleil, le: sun hat
charcuterie, la: cold cuts
chariot, le: covered wagon, shopping cart
chariot d'enfant, le: toy wagon
charrette, la: cart
chat, le: cat
chaton, le: kitten
chauffeur, le: driver
chaussette, la: sock
chaussettes, les (F): socks
chaussure, la: shoe
chaussures, les (F): shoes
cheminée, la: fireplace

chemise de nuit, la: nightgown
chemisier, le: blouse
cheval, le: horse
cheveu, le: hair
cheveux, les (M): hair
cheville, la: ankle
chèvre, la: goat
chien, le: dog
chiffre, le: number, figure
chiffres, les (M): numbers
cintre, le: clothes hanger
citron, le: lemon
citronnade, la: lemonade
citrons, les (M): lemons
clavier, le: keyboard
clôture, la: fence, picket fence
clown, le: clown
cochon, le: pig
cochons, les (M): pigs
coffre, le: trunk
coffre à linge, le: clothes hamper
coffret à bijoux, le: jewelry box
coiffeur, le: hairdresser, hair salon
collier, le: necklace
commode, la: bureau, dresser
complet, le: suit
confiture, la: jam
confitures, les (F): jams
congélateur, le: freezer
coq, le: rooster
coquille, la: shell
coquilles, les (F): shells
corde à linge, la: clothesline
corneille, la: crow
cornet de glace, le: ice cream cone
cou, le: neck
coude, le: elbow
coussin, le: sofa pillow, cushion
coussins, les (M): pillows
couteau, le: knife
couverture, la: blanket
crabe, le: crab
craie, la: chalk
cravate, la: tie
crayon, le: pencil
crayons de couleur, les (M): crayons
crème de nuit, la: cold cream
crocodile, le: crocodile
crocodiles, les (M): crocodiles
cuiller, la: spoon
cuisine, la: kitchen
cygne, le: swan

décapotable, la: convertible
dentifrice, le: toothpaste
descente de lit, la: bedside rug
dessin, le: drawing, picture
dessins, les (M): drawings
dessus de lit, le: bedspreads
détergent, le: detergent
dinde, la: turkey
dîner, le: dinner
dirigeable, le: blimp
doigt, le: finger
doigts, les (M): fingers

douche, la: shower
drap, le: sheet
drapeau, le: flag
draps, les (M): sheets

eau, l' (F): water
eau dentifrice, l' (F): mouthwash
échelle, l' (F): ladder
école, l' (F): school
écouteur, l' (M): earphones
écran ignifuge, l' (M): fire screen
écureuil, l' (M): squirrel
église, l' (F): church
éléphant, l' (M): elephant
éléphants, les (M): elephants
élève, l' (M OR F): student, pupil
éponge, l' (F): sponge
essuie-mains, le: hand towel
essuie-mains, les (M): hand towels
étang, l' (M): pond
évier, l' (M): kitchen sink

fauteuil, le: armchair
femme, la: woman
fenêtre, la: window
ferme, la: farm, farmhouse
fermier, le: farmer
feuille d'étain, la: aluminum foil
fichier de recettes, le: recipe file
flamme, la: pennant
flammes, les (F): pennants
fleur, la: flower
fleuriste, le: florist
fleurs, les (F): flowers
fleuve, le: river
four, le: oven
fourche à foin, la: pitchfork
fourchette, la: fork
fourgon-pompe, le: fire hydrant
frère, le: brother
fromage, le: cheese
fruit, le: fruit
fruits, les (M): fruits
fruits de mer, les (M): seafood
fruits en boîte, les (M): canned fruit

gant de base-ball, le: baseball glove
gant de toilette, le: washcloth
gant isolant, le: oven mitt
garçon, le: boy
gâteau, le: cake
gâteaux, les (M): cupcakes
genou, le: knee
girafe, la: giraffe
girouette, la: weathervane
glace, la: mirror
globe, le: globe
gomme, la: gum eraser
gorille, le: gorilla
gorilles, les (M): gorillas
grand-mère, la: grandmother
grand-père, le: grandfather
grange, la: barn
grattoir, le: blackboard eraser
grenier, le: hayloft
grenouille, la: frog
gril, le: broiler
grille-pain, le: toaster

haricot, le: bean

haricots, les (M): beans
hélicoptère, l' (M): helicopter
herbe, l' (F): grass
hippopotame, l' (M): hippopotamus
homme, l' (M): man
horloge, l' (F): clock
huile, l' (F): oil, salad oil

indien, l' (M): Indian
institutrice, l' (F): female teacher

jambe, la: leg
jardinière, la: window box
jardinières, les (F): window boxes
jardin potager, le: vegetable garden
javel, le: bleach
jean, le: blue jeans
jeu d'ustensiles, le: set of utensils
jeune fille, la: girl
jouet, le: toy
jupe, la: skirt
jus de fruits, le: fruit juice

lac, le: lake
lait, le: milk
laitue, la: lettuce
lampe, la: lamp
lampe de chevet, la: (bedside) table lamp
lapin, le: rabbit
lapins, les (M): rabbits
lavabo, le: bathroom sink, washstand
lave-vaisselle, le: dishwasher
lecteur CD, le: CD player
légume, le: vegetable
légumes, les (M): vegetables
lèvre, la: lip
lèvres, les (F): lips
librairie, la: bookstore
lion, le: lion
lions, les (M): lions
liquide de vaisselle, la: dishwashing liquid
lit, le: bed
livre, le: book
livre de cuisine, le: cookbook
livre d'enfant, le: children's book, coloring
  book
livres, les (M): books
lotion, la: lotion

magasin de vêtements, le: clothing store
magnétophone, le: tapedeck
magnétoscope, le: VCR
maillot de bain, le: swimsuit
main, la: hand
maïs, le: corn (maize)
maison, la: house
maison de poupée, la: dollhouse
maison pour les oiseaux, la: birdhouse
maisons, les (F): houses
malle, la: trunk
manique, la: pot holder
margarine, la: margarine
marmelade, la: jelly
mât, le: clothes pole, flagpole, mast
médecin, le: doctor
melon, le: cantaloupe
menton, le: chin
mère, la: mother
micro-onde, la: microwave oven
minibus, le: minivan

mixer, le: blender
motocyclette, la: motorcycle
mouchoir, le: handkerchief, tissue
mouchoirs, les (M): tissues
mouette, la: sea gull
moulin à vent, le: windmill
mouton, le: sheep
moutons, les (M): sheep
mur, le: wall

nappe, la: tablecloth
nez, le: nose
nid, le: nest
noix, la: nut
noix, les (F): nuts
nuage, le: cloud
nuages, les (M): clouds

océan, l' (M): ocean
œil, l' (M): eye
œuf, l' (M): egg
œufs, les (M): eggs
oignon, l' (M): onion
oignons, les (M): onions
oiseau, l' (M): bird
oiseaux, les (M): birds
orange, l' (F): orange
oranges, les (F): oranges
ordinateur, l' (M): computer
oreille, l' (F): ear
oreiller, l' (M): (bed) pillow
oreillers, les (M): pillows
orteil, l' (M): toe
orteils, les (M): toes
ours, les (M): bears
ours en peluche, l' (M): teddy bear
outil, l' (M): tool
outils, les (M): tools
ouvre-boîte, l' (M): can opener

paille, la: straw
pain, le: bread
pamplemousse, le: grapefruit
panier, le: basket
panonceau, le: sign
pantalon, le: pants
pantoufle, la: slipper
pantoufles, les (F): slippers
papier, le: paper
papier hygiénique, le: toilet paper
papillon, le: butterfly
paquebot, le: ocean liner
parasol, le: sunshade
parc, le: park
pare-brise, le: windshield
parking, le: parking lot
passage à niveau, le: railroad crossing
pâte, la: pasta
pâtes, les (F): pasta
pâturage, le: pasture
pêche, la: peach
pêches, les (F): peaches
peignoir, le: bathrobe
pelle, la: shovel
pelouse, la: lawn
père, le: father
petit pain, le: bread roll
petits pains, les (M): bread rolls
petit pois, le: pea
petits pois, les (M): peas